若草の市民たち　1

仲間たちとともに

L'édition originale de cet ouvrage a paru sous le titre《L'intégration:
Collection Citoyens en herbe 1》© Éditions Gallimard Jeunesse, 1999
Japanese Translation Rights©Hiroko Omura & Atsushi Omura, 2003
printed in Japan

文　セリーヌ・ブラコニエ
訳　大村 浩子 = 大村 敦志
絵　シルヴィア・バタイユ

信山社

Citoyens

はしがき

　ここ数年来、議員たちや諸機関・諸団体そしてマス・メディアは、人種差別やその他の差別に立ち向かうためによく考える市民になるように、若者たちに呼びかけるようになっている。今日では、これまで問題から遠ざけられていた若い人々の関心をいかに刺激するかが模索されている。

　人格の尊厳、寛容、他者の言い分をよく聞くこと、集団生活のルールを定めること、言論・結社の自由など市民であることの様々な側面を子どもたちに説明し伝えて、自分たちに委ねられている諸権利と、課されている諸義務とを理解させることが必要とされている。

　というのも、知識・文化に対するアクセスを欠いては、市民性はありえないからである。

　ところで、市民性とは何だろうか。どうすればそれを学ぶことができるのだろうか。それは、どうやって実践されるのだろうか。また、どうすれば、そして、何歳から、人は市民になるのか。

en herbe

　シリーズ「若草の市民たち」は、FAS（移民支援社会活動基金）とガリマール社少年部門の協力によって、これらの疑問に答えようというものである。最初の2巻である「仲間たちとともに」「仕組みをつくる」では、読者はみな、子どもたちも親や教師たちも、アデルとサイードの2人が文通を通じて、集団生活について大人たちが話していることを、彼らに質問を投げかけながら、自分のものとしていく様子を目のあたりにするだろう。

　「若草の市民たち」は完全な情報を与えることを目的とするものではない。選択されたテーマは2人の子どもたちが日常生活で出くわすようなものになっている。このシリーズは若い読者たちに、問いを発し、観察をし、自分で調べるようにと誘っている。そうすることが、若草の市民たちの第1歩となる。

　　　オリヴィエ・ルセル　　　　　　　　アントワーヌ・ガリマール
　　　FAS会長　　　　　　　　　　　　ガリマール・ジュネス出版社長
　　Olivier Rousselle　　　　　　　Antoine Gallimard
　　Directeur du FAS　　　　　　　Président
　　　　　　　　　　　　　　　　　des Éditions Gallimard Jeunesse

訳者はしがき

　旅行で訪れたパリ、街角の書店にふらりと入ったとしましょう。
　様々なジャンルの本に交じって、子ども向けの本のコーナーがあるのに気づいたあなたは、そのうちの何冊かを手にとってみて、ふと首をひねるかもしれません。動物や昆虫の図鑑、乗り物の仕組み、宇宙の成り立ち、フランスや世界の歴史。このあたりは日本とそう変わりはありません。ところが、日本の書店ではあまり目にすることのない一群の本があるのです。表紙を見ただけで想像がつくものもありますが、タイトルのフランス語が分かれば内容は一目瞭然です。
　たとえば、『自由』『平等』『博愛』の３冊セット（幼稚園児向け・小学生向け・中学生向けの３シリーズ）や『市役所』『消防』『警察』『議会』『裁判所』『大統領』『学校』などの公組織シリーズ、あるいは『〜についての大きな本』『〜についての初めての本』シリーズ（〜には「子どもの権利」「若い市民」「世界市民」「私たちの肌の色」などが入る）や「子ども市民のためのガイド」という副題を持つ「一緒に生きる」シリーズ（「学校で」「家族で」「お金」「様々な違い」「暴力」などがある。日本でも、一部が晶文社から翻訳・公刊されている）など。中高生向けの挿絵のない本ならば、『娘（息子・孫）に語る〜』のシリーズ（〜には「人種差別主義」「アウシュビッツ」「共和国」「移民」「非宗教性」「愛」「神」などが入る。日本でも、一部が現代企画室から翻訳・公刊されている）や有力政治家と子どもたちの対話シリーズ（『政治って何』『連帯って何』）などもあります。
　そうです。「自然」や「歴史」の本に交じって、「社会」や「市民生活」に関する本が目につくのです。ほかにも、「哲学」に関するシリーズ（たとえば、「哲学のおやつ」シリーズ。「正義と不正」「戦争と平和」「自由と不自由」「神々と

神」などのテーマを扱う）や雑誌の増刊号（たとえば、「オートルマン」ジュニア版の社会シリーズなど）やマンガ（セルジュ・ブロックなどが画を描く「小さな知識」シリーズなど）なども含めると、その数は相当なものになります。フランスは、子どもたちに対して「社会」や「市民生活」を教えるのに熱心な国のようです（この点については、大村敦志『フランスの社交と法』（有斐閣、2002）146頁以下を参照）。

『若草の市民たち（Citoyens en herbe）』も、このような子ども向け「市民教育」のためのシリーズです。「はしがき」にもあるように、このシリーズは、フランス出版界の老舗であるガリマール社が移民支援社会活動基金と提携して企画したもので、1999年に第1巻（本書）「仲間たちとともに」と第2巻「仕組みをつくる」が、2000年に第3巻「私たちのヨーロッパ」、第4巻「さまざまな家族」が出版されています（第2巻の翻訳は本書と同時に刊行されます。また、第3巻・第4巻の翻訳も準備中です）。

本書には挿絵も多く、原著では、対象年齢は8歳～12歳とされていますが、その内容はかなり高度なものです。それにもかかわらず、アデルとサイードの文通を通して話が進むために、興味を持って読み進めることができます。そこで、類書も比較検討しましたが、まずはこのシリーズを翻訳しようと考えました。

内容には、フランスに特有の事情もありますが、個人の尊重（第1巻）、政治のための諸制度（第2巻）、隣国や世界との関係（第3巻）、家族のあり方（第4巻）と、それぞれの巻で扱われたテーマは普遍性を持っていますので、日本の小中学校における社会科や総合学習の副教材として利用できるかと思います。また、フランスの社会や市民教育のあり方を考えるための資料のひとつとしても、有益でしょう。

訳者である私たち2人は、フランス語学習を通じて知り合い、1987～89年、99～2000年の2度にわたり、合計3年間、フランスで暮らしました。最初の

滞在中にパリ16区の病院で長女を出産、2度目の滞在中にはパリ南郊のソーという町で2人の子を公立小学校に通わせました。こうしたささやかな経験を通じて、フランスの社会や子どもたち、学校や教育のあり方に関心を抱いてまいりました。

　本書の原著（第1巻と第2巻）をたまたま手にしたのは、2度目のフランス滞在中でした。私たちのごく限られた経験に照らしても、本書は、主題である市民教育にとどまらず、フランスの社会や子どもたちの様子をよく伝えているように思われました。

　ただ、生活・制度の両面で、日本の読者にはややニュアンスのわかりにくいところも全くないわけではありません。そこで、子どもたちを通じてその両親や先生方とつきあい、フランスの家庭や学校の事情を知る浩子が、本文（アデルとサイードの手紙）を翻訳し、人権や政治制度の専門家ではないが、民法を中心にフランス法を勉強している敦志が、その他の附属的な部分（制度解説と巻末の資料・用語解説）を翻訳して、訳文を相互に検討することにしました。こうしてできあがったのが本訳書です。

　本訳書の出版につき、信山社の袖山貴さんにご相談をしたところ、ご快諾を得ることができました。また、同社の有本司さんには、ガリマール社との連絡・交渉をはじめとして、この訳書の刊行に必要な様々な作業を精力的に処理していただきました。出版事情の厳しい時代に、このようなご助力を賜ることができ、本当に幸運だったと思います。この場を借りて改めてお礼を申し上げるとともに、世に出る本訳書が、同様の幸運に恵まれることを祈りたいと思います。

　　　2002年12月24日

　　　　　　　　　　　　　　　　　　　　　　　　大村浩子・大村敦志

「セルジー・ポントワーズの駅前風景」（12頁参照）写真　大村敦志（2001）

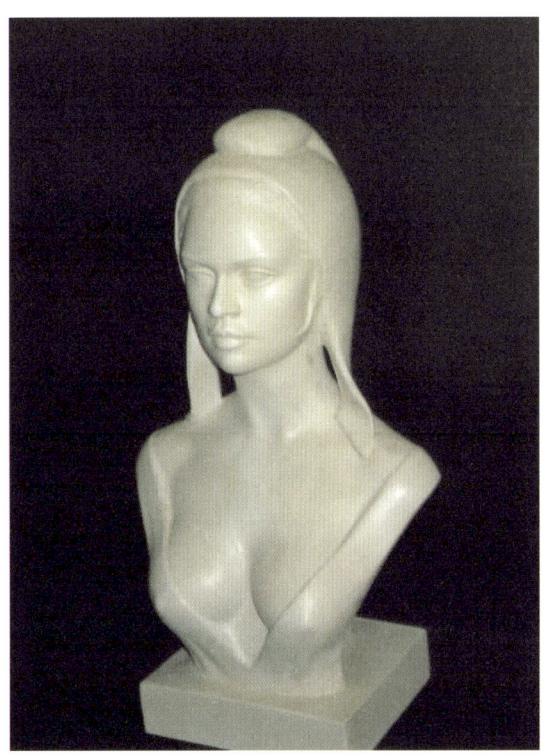

「女優ブリジット・バルドーがモデルのマリアンヌ像」
（22頁・37頁・50頁参照）　写真　大村敦志（2003）

アデルへ

　やれやれ！ぼくは、セルジー*の学校のことがやっと分かってきたよ。新入りっていうのは楽じゃないね。クラスのほかの子は、みんなもうすでに友だちなんだから。でも、うれしいことに、きのうワリーっていう転校生が来たんだ。

　ワリーは、新学年の初日には、いなかったんだよ。すっごく遠くから飛行機で来たんだって。担任のミシェルは、大きな地図で、彼の国をぼくたちに教えてくれたんだ。マリっていう、サハラ砂漠の南にある国なんだ。友だちはみんなそこにいるんだって。おばあちゃんもだよ。それを聞いて、ワリーが最初、とてもさびしそうにしていた理由が分かったんだ。だってワリーは、友だちやおばあちゃんに、すぐに会えないんだからね。ヴァカンス*中だって、簡単には帰れないからね。それに比べたら、ぼくたちは、ちょくちょく会うことができて幸せだって思ったよ。

ミシェル

　ワリーは、お父さんといっしょに暮らすために、お母さんとともにやって来ました。お父さんは少し前からフランスに来ていて、ずっとこの国にいたいと思っています。ワリーたちは、家族が生活できる住宅をお父さんが見つけるのを待っていたんです。ワリーとその家族は故国を離れて移住してきました。故国、マリでは満足に暮らしていくことができなかったからです。「移住する*」というのは、自分がこれまで生きてきた国や地方を離れて、別の国や地方で生きていくということです。

　今日の最後の授業は、フランス語の動詞の活用をやったんだ！ミシェルは、émigrer（故国を離れる*）を活用させて、お話を作るようにって言ったんだ。マリオは運悪く、単純過去*の活用でつまずいてたよ。「ぼくの祖父母は、成人してから故国を離れた。彼らは、イタリアからフランスへやって来たのだ。」セルヴァの家族はもっとずっと遠くからやって来たんだって。彼女は、そのことを、複合過去*を使って話したんだよ。「妹とわたしは、数年前に故国を離れました。わたしたちは、アルゼンチンからフランスにやって来ました。」ぼくも複合過去を使って、こう言ったんだよ。「ぼくの両親も、子どものときに故国を離れました。彼らはアルジェリアからフランスへやって来ました。」

　ワリーは最初、居心地悪そうにしていたんだよ。初日のぼくと同じようにね。だれに話しかけたら

ワリーの家族

アルゼンチン

いいか分からなかったのさ。それに、みんなもワリーが言っていることが、あまりよく分からなかったんだよ。だから、ぼくは、休み時間にサッカーやらないかって、彼のことをさそったんだ。ひとりぼっちでいるより、ふたりのほうがましだからね。ミシェルは、クラスのみんなに、ワリーが早くクラスにとけこめるようにしましょうねって言ったんだ。先生は、こうも言ってた。「みんなが彼の友だちになれば、ワリーはあっというまにフランス語を話せるようになるわ。そしたら、故郷のマリについてお話をしてもらいましょうね」って。

そしたら、マリオが今すぐイタリアについて話したいって言い出したんだ。マリオのおじいちゃんはイタリア人だからね。聞きたいことがあったら質問してねって言ったんだよ。ぼくだって、アルジェリアについて同じことができたさ。なんてったって、マリと同じアフリカの国なんだから。でも、ぼくが人前で話すのが苦手だってこと知ってるよね。そう、結局ぼくは何も言わなかった。ただアルジェリアのことを思いうかべてたんだ。

ここは、すべてがちがうんだ……。街も、人も、学校も……。ロンワル*のことがなつかしいよ。パパは、慣れるしかないって言ってる。そっちはどう？手紙、待ってるからね。じゃあ！

サイード

フランス
イタリア
アルジェリア
マリ

ジェンネの町（マリ）
市の立つ日に

セルジーは
パリ地方にあります

サイードへ

　新しい友だちを作るのは、そんなに難しいことじゃないわ！わたしだって、中学へ行って、去年のクラスの友だちとも何人かはいっしょになれたけど、ほかにも、すごい人数の生徒と先生がいるのよ！
　わたしは、マリーっていう子と知り合ったの。いつも彼女のとなりに座るのよ。ワリーのこと、もっと知りたいわ。わたし、おじいちゃんに、ワリーのこと話したのよ。フランスに住んで、フランス語を話せれば、すぐにフランス人になれるわよねって。おじいちゃんは、「たぶんな」って言ったわ。

フランス人かマリ人か

　それはどちらの国籍*を持つかということだよ。わしらはみな国籍を持っているが、それは必ずしもいま暮らしている国の国籍じゃない。フランスに住んでフランスの学校に行き、フランス語を話している。だがフランス人じゃないってこともある。逆に、フランス人だが、住んでいるのは外国だってこともあるさ。ワリーのように、フランスで生まれたわけじゃなく、両親も外国人だとしても、フランス人になることはできる。国籍を決めるルールは国ごとにちがっておる。フランスでは、両親の一方がフランス人か、本人がフランス生まれで両親の一方もフランス生まれなら、生まれた時からフランス人になる。そうでなくても、本人がフランス生まれならば、成人したときにはフランス人になる。フランス人と結婚してもフランス人になるが、その場合には申請の手続きが必要だな。それから、だれでもフランス人になる許可を下さいと政府に頼むことはできる。これを帰化といっている。帰化が認められるかどうかは、決められた条件を満たしているかどうかで決まることになる。

パスポートと
身分証明証

　フランス人であるということが何の役に立つのか、わたしにはよく分からないの。でも、おじいちゃんが言うには、フランス人でなければ、フランス人と同じ権利は持てないんですって。その権利って何なのかしら。お母さんとお父さんに聞いてみて。わたし、とっても知りたいのよ。
　ああ、忘れてたわ！ミシェルって、すごくすてきな先生ね！
あなたは、セルジーに引っ越して、すべてをなくしたわけじゃないのよ！

じゃあね。
アデル

アデルへ

　君のおじいちゃんにも、答えられないことがあるんだね！
ぼくは、国籍っていうことについて調査を開始したんだ。パパにも聞いてみたよ。フランス国籍を持っていると、何の役に立つのかって。パパの答えはこうさ。「フランス人であるということは、ある権利を与えられるということなんだ。おまえが大人になったら、投票すること、つまり、候補者の中からフランスの政策を決める人を選ぶ権利が与えられるんだ。たとえば、税金をどのように使うかとか、フランスがどの国と友好関係を結ぶかっていうことなどを決める人を選ぶんだ。」フランス国籍を持たない大人は、ほかの権利は持てても、この権利は持てないんだって。それでも、そういう人たちも、フランスで生活している。ワリーの両親みたいにね。パパによると、フランス人になった人でも、自分の生まれた国を愛し続けているんだって。マリオの両親やぼくの両親がそうさ。フランスにずっと住んでいるぼくだって、アルジェリアに帰ってみたいし、
先祖が生きた土地を見てみたいからね。

　こうやって、人は複数の祖国を持つことができるんだ。これは、パパの受け売りだけどね。ぼくも同じ考えさ。でも、そうなるとサッカーの試合のときには、ちょっとややこしいかな！

じゃあ！
サイード

サイード先生！

　サッカーの試合のことだけど、人が祖国をひとつだけしか持ってなくても、ややこしいことに変わりはないわ。わたしのクラスに、ファビアンっていう男の子がいるの。彼は２年前にマルセイユからロンワルにやって来たの。そしたらね、マルセイユ対ナンシー＊の試合のとき、どっちを応援したらいいか分からないんですって！

　フランスは、とても大きな国だわ。地理のヴィダル先生は、フランスが地域色豊かであることを説明するとき、モザイクのようだと言ったわ。キトリーっていう子と友だちになったんだけど、彼女、一家そろって南西部からやって来たの。彼女はバスク語＊を話すのよ！それに、ロレーヌ地方＊にずっと住んでいる人たちの中にも、町中に住んでる人もいれば、農村部に住んでる人もいるし、大きな一戸建ての家に住んでる人もいれば、小さなアパートに住んでる人もいるわ。本当に人それぞれだわ！

　マリーって子が、わたしの今の親友なんだけど、彼女のおじいちゃん、おばあちゃんは、うちのおじいちゃん、おばあちゃんといっしょで、ロレーヌの人なの。でもね、わたしたち、全然ちがうのよ！マリーのお父さんとお母さんは弁護士なの。お金持ちで、大きな家に住んでいて、庭にはポニーがいるの。それから、ヴァカンスの間は、バレアールにある海辺の別荘へ行ってるのよ。わたしはといったら、ヴァカンスの間は、ここからさして遠くない田舎のおばあちゃんちへ行くことがいちばん多いかな。しかたないわ。パパは、自動車工場で働いてて、ママはもう働いてないんですもの。うちにはあまりお金がないわ。あなたの所と、たぶんあまり変わりがないと思う。そのうえ、うちは４人姉妹だけど、マリーはひとりっ子。すべてがちがってくるのは当然のことよね！

　まあ、今日のところは、このへんにしておくわ。明日は、地理の試験があるの。だから、今書いたようなフランスの地域的特殊性を、頭につめこまないといけないのよ！

それでは！
アデル

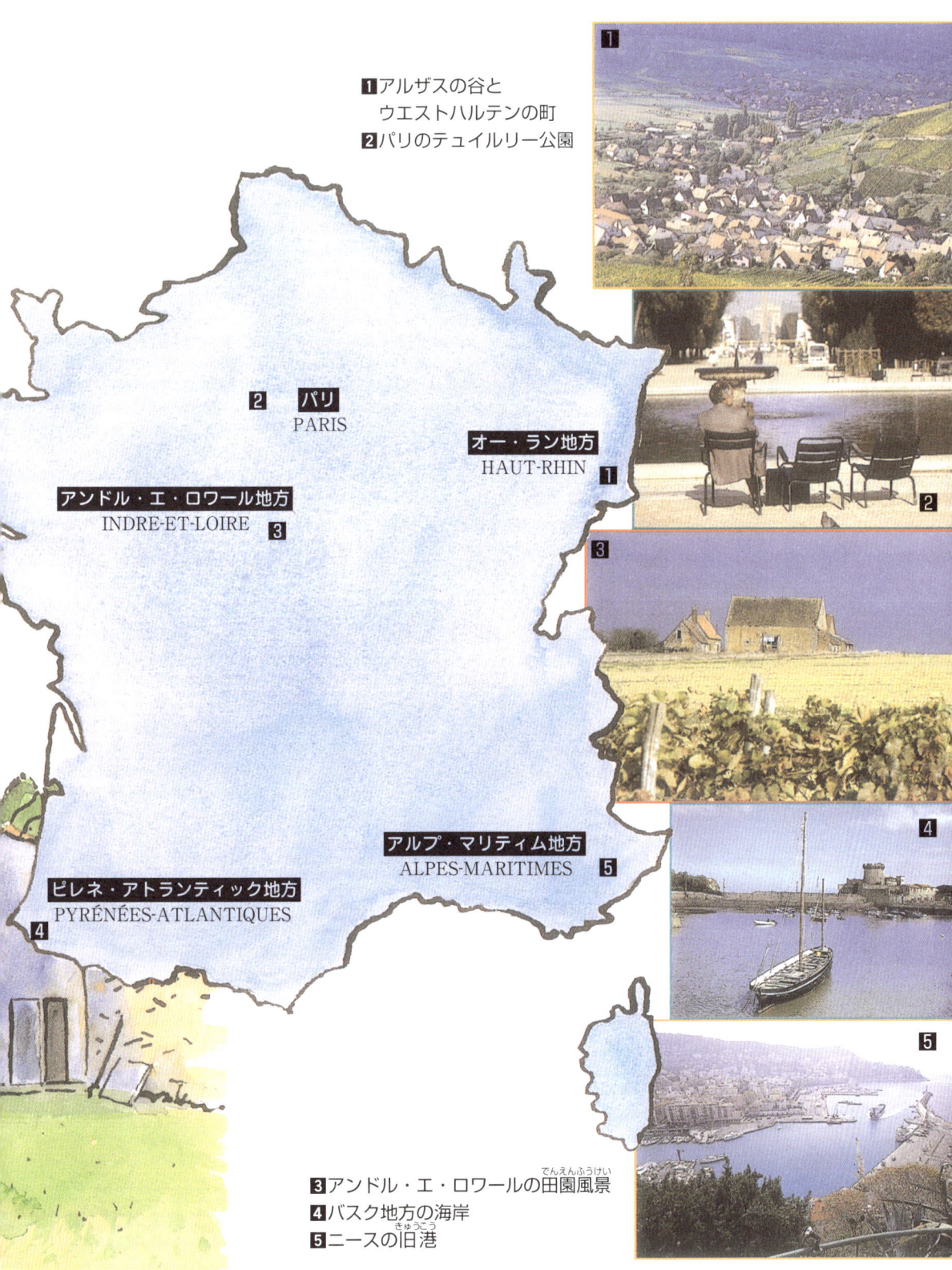

❶ アルザスの谷と
　ウエストハルテンの町
❷ パリのテュイルリー公園

❷ パリ
PARIS

オー・ラン地方
HAUT-RHIN ❶

アンドル・エ・ロワール地方
INDRE-ET-LOIRE ❸

アルプ・マリティム地方
ALPES-MARITIMES ❺

ピレネ・アトランティック地方
PYRÉNÉES-ATLANTIQUES
❹

❸ アンドル・エ・ロワールの田園風景
❹ バスク地方の海岸
❺ ニースの旧港

アデルへ

　しばらく君から手紙が来なかったね。ぼくが手紙を書いているのは、きのうミシェルが、君がとても興味を持ちそうなことをぼくたちに話したからなんだ。
　人はみなちがうっていうことについて話しあったことを覚えているかい。ところがね、ミシェルに言わせれば、ぼくたちはみんな少なくともひとつの共通点を持ってるんだって。それはね、ぼくたちが「子ども」だっていうこと！そして、すべての子どもは、みな同じ権利を持っているっていうことを、彼女は話してくれたんだよ。

1989年11月20日

　国際連合（国連）＊に加盟している各国は、この日、世界中のすべての子どもたちに同じ権利を認める条約を採択しました。これが「子どもの権利条約」です。この条約に署名した国々は、子どもの権利を尊重し、また、尊重させることを約束したのです。この条約は最初の部分で、条約はすべての子どもたちに適用されると言っており、「皮膚の色、性、言語、宗教、政治的意見……国民的・種族的若しくは社会的出身、財産……その他の地位にかかわらず」（2条）と明確に述べています。

　ですから、この条約は子どもたちを差別＊することを禁じています。差別をするというのは、これこれの理由でこの子はあの子よりも劣っていると考えて、ほかの子には与えられている権利をこの子には与えないということです。条約がすべての子どもたちに認めている権利のひとつとして、学校に行く権利があります。「締約国は、教育についての児童の権利を認めるものとし、この権利を漸進的にかつ機会の平等を基礎として達成するため、初等教育を義務的なものとし、すべての者に対して無償のものとする」（28条）。

　フランスでは、ずっと以前、1世紀以上も前から、すべての子どもたちにこの権利が認められています。フランス人か外国人かとか、金持ちか貧乏かにかかわりなくです。16歳までは学校はただで、学校に行く義務があります。すべての子どもが同じ教育を受けるのです。でも国によっては、まだそうなっていないし、貧しい家の子どもたちは教育を受けられずに、つらい仕事をさせられています。

授業の最後に、フランクが、学校へ行く権利より、一日中テレビゲームをしていられる権利があったらなあって言ったんだ。驚いたことに、ミシェルはおこらなかったんだよ。それどころか、「子どもの権利条約」は世界中の子どもに「楽しむ権利」を認めているとさえ言ったんだよ。
　国は、貧しい子どもたちも、同じように楽しめるよう気を配らなくてはいけないんだって。フランクは大喜びさ。彼、休み時間に、息まいてたよ。「今日はテレビゲームをやるぞ。絶対さ。パパとママに言ってやるんだ。これはぼくの権利だって。もしダメだって言われたら、子どもの権利に関する国際条約に違反してるって言ってやるんだ！」って。すごいだろう？

それじゃあ、また！
サイード

ユニセフは、1946年に創設された国連のひとつの組織です。人種・宗教・国籍・政治的意見にかかわらず、必要に応じて、子どもたちを援助するのが目的です。

サイードへ

　ねえ、聞いてよ、ヴィダル先生も、「子どもの権利条約」のことを話して下さったのよ。それに加えて、「人権宣言」についても話して下さったの。本当に何でも知ってるのよ！わたしも大人になったら、彼みたいな地理の先生になるわ。もう決めたの！このことを話すのは、あなたが一番よ。
　夢がかなったら、お祝いしましょうね。

　　　　　　　　　　　　　　　　　　　　　　　　アデル

人　権

　子どもの権利条約は、人権を宣言＊したいくつかの文書のひとつです。人権はすべての人間に認められています。その人が暮らしている国がどこか、その人の性・皮膚の色やその人の意見がどうであるかを問わずにです。だから、それは普遍的権利＊だとされています。人権は、この50年来、とりわけ国連の場で宣言されています。もともと国連は、第2次世界大戦後にこの戦争中のわざわいをくり返すことをさけるために、いくつかの国々が合意したところから始まっています。何百万もの人々が、ユダヤ人やジプシーであるというだけで、自分たちとはちがっているという理由で、追い回され殺されたばかりでした。こうして、1948年の世界人権宣言で認められた最初の人権のひとつ、それが「生命・自由及び身体の安全に対する権利」（3条）です。
　これらの基本権に加えて、世界人権宣言は、各人に「一層大きな自由のうちで……生活水準の向上」を促進すること（前文）を願って

います。ここで考えられているのは、たとえば往来の自由（交通移動の自由）・思想の自由・表現の自由・結社の自由（団体設立の自由）などです。

どうやって人権を保障するか。

人権の実現のために各国が制定する法律によってです。1948年には56ヶ国が人権保護のための法律を制定しました。今日ではその数は160ヶ国に達しています。問題は、外国人の保護が十分ではないということです。そのため、現在、どの国の影響も受けない国際裁判所、本当の意味で全世界において人権を実現する裁判所を設けることが課題とされています。

どうやって生活水準の向上を促進するか。

各国が可能な範囲で、生活水準の向上を促進するというのは、たとえば、勤労の権利（23条）、教育への権利（26条）、休息・余暇の権利（24条）、自己および家族の健康・福祉への権利（25条）を認めるということです。

具体的には、豊かな国は、最も恵まれない人々のために、ある種のサービスをただで提供するということが考えられます。貧しい国に対しても、その住民たちが同様のサービスを受けられるように、援助をすることも考えられるでしょう。これが国際協力*ということです。どちらも、人間の平等*のために必要なことです。

アデルへ

　君は、地理の先生に恋でもしてるのかい？君のヴィダル先生が何でも知ってるなんてありえないよ！ぼくの家に来てごらんよ。「人権宣言」について、山ほど勉強できるから！たとえば、きのうも夕飯のとき、パパとママが「人権宣言」のことを話していたんだけど、それを聞いてたら、ぼくも「人権宣言」の精神がだんだん失われていくんじゃないかって心配になってきたよ……。

　ママはこんなことも教えてくれたよ。「人権宣言」は、1948年よりずっと前に、フランスで初めて宣言されたんだって。

サイードのお母さん

　ところはパリ、ときは1789年、大革命の始まりのころさ。7月14日に、フランス人はバスチーユにあった刑務所を襲ったんだね。そこには国王を批判した人々が閉じこめられていたのさ。思ったことを自由に話しても刑務所に入れられたりしない。人々はそれを望んでいたんだよ。何週間か後になって、立憲議会*は人権宣言の中で、各人は同じ価値を持つ、と認めた。「人はその権利において自由にして平等である」（1条）。それから何年かたって、それまでは君主政*だったフランスは共和政*になったのさ。その共和国*のスローガン*が自由・平等・博愛*だよ。

　このスローガンに見覚えがないかい？市役所や学校の正面をよく見てごらんよ。このスローガンが刻まれているから。それと、フランス共和国を象徴する像も見てごらん。マリアンヌ*という自由を象徴する帽子をかぶった女の人の像だよ。

　ママによると、こうしたすべては、フランスが「人権宣言の国」である証拠なんだって。

でも、パパが言うには、ママはたくさんのことを言い忘れているんだって。
　第1に、人権が宣言されたからといって、実際にそれが実行されたわけではないらしい。すべてのフランス人が、本当に平等の権利を持つようになるには、その後何十年という月日が必要だったらしいんだ。たとえば、貧しい人々は、長い間、お金持ちと同じ権利を持ってなかったし、女の人も、長い間、男の人と同じ権利を持ってなかったんだよ。男女同権は、彼女たちが闘って勝ち取ったんだよ。

アフリカでの総督巡回。総督は植民地を統治していました。

　第2に、1789年の「人権宣言」は、地球上のすべての人間のためのものであるはずなのに、フランス人だけが、自由と平等を手に入れたということもあるらしいんだ。フランスは、1848年になってやっと、奴隷制*を完全に廃止したってこと知ってるかい！奴隷制は、自由・平等っていう考えとは、全く逆のことなのにね。
　第3に、フランスは、19世紀に、遠くの国々を侵略して、植民地*にしたんd。そういうことをしたのは、文明化されてない国に住む人々を解放するためだったなんて言う人が時々いるけど、でも、実際は、フランス人は、ほかの国の人々の人権を無視したんだ。フランス人は、植民地の人々に本国に住む人と同じ権利を認めなかった。フランス人は、長い間、フランス共和国のスローガンを忘れていたんだ。
　だから、パパにとっては、マリアンヌのほうが、「人権宣言」よりも、フランスの象徴としてふさわしいんだって。でも、だからといって、現在のフランスが、人権を最も尊重する国のひとつであることは否定しないって言ってた。
　どうだい。ぼくの家でだって、こんなにたくさん学べるんだよ！

きみの親友
サイード

あわれなサイードへ

あなたには本当にがっかりしたわ！わたしは、ヴィダル先生のことを尊敬してるけど、恋なんかしてないわ。あなたは、まだ子どもだからそういうことが分からないのね。大目に見て許してあげるけど、また今度そんなこと言ったら絶交よ！

あなたの言おうとしていることに反するけど、「自由」について熱心に考えているのは、あなたのご両親だけじゃないわ！ヴィダル先生もよ。先生はね、「自由」に付けておかなければならない制限、必要不可欠な制限ということについて話して下さったの。たとえば、「表現の自由」があるからといって、何でも言っていいことにはならない、ということを教えて下さったわ。

人は、他人を傷つけない範囲内で、すべてを言うことができる。人間の尊厳*を侵すことは、それが言葉によるものであっても、今日のフランスでは禁じられているの。

なぜなら、言葉は、平手打ちや、こぶしで人をなぐるのと同じように、人を傷つける場合があるからなの。

このあいだ、ヴィダル先生は、休み時間にファビアンのことをしかったの。ファビアンは、アリと言い争いをしていて、ふたりとももものすごく興奮して、意地悪なことを言い合っていたのよ。そして、ファビアンがアリに向かって、「おまえは、本当に汚ねえ黒人やろうだぜ」ってさけんだの。ちょうどその時ヴィダル先生がいらしたのよ。先生は、ファビアンに、アリに対して謝るようにっておっしゃったの。ファビアンは謝ったわ。そして、自分が言ったことがどういうことなのか考えてみたこともなかったって言って、これからは注意しますって約束したの。

　翌日、ヴィダル先生はわたしたちに、人種差別＊的発言は軽犯罪になるということを説明して下さったの。つまり、被害者は裁判所に訴えることができるし、加害者は罰金刑に処せられることもある、ということなの。

　こういうこと、あなたはどう思う？

じゃあね！
アデル

アデルへ

　分かったよ。ヴィダル先生のことは、もう何も言わないよ……。今日は、君に話したいことがあるんだ。君の話とちょっと似ているんだよ。木曜日の夕方、下校時間にパパが迎えに来たんだ。パパが来ることはめったにないから、お祭りのときみたいにうきうきしてね、友だちといっしょに公園に行ったんだ。

　パパは、ぼくたちが芝生の上でサッカーをしている間、ベンチに座ってたんだ。パパが、ベンチに近づいて行ったら、赤ん坊を連れた2人の女の人が、急に立ち上がっていなくなっちゃったんだ。ぼくは、ラッキーって思ったよ。これで、公園はぼくたちだけの貸し切りだ！

　サッカーの後で、ぼくはパパに、ファビアンとアリの事件のことを話したんだ。パパは、さびしそうに笑ってね、パパも人種差別的な態度によって傷つけられることがよくあるって言ってたよ。人種差別っていうのは、言葉によるものだけで

はないんだって。たとえばね、さっきのベンチにいた女の人は、パパのことが恐かったから、行っちゃったって言うんだ。パパには、2人の顔色で、それが分かったんだって。2人の女の人は、パパにおどされたから恐がったんじゃないんだよ。そんなこと、するわけないさ！

　彼女たちは、パパがアルジェリア人だっていうだけで恐がったって言うんだ。だって彼女たちから見たら、マグレブ人＊はみんな危険人物なんだって。ぼくたちには信じられないことなんだけど、パパは話してくれたんだ。

１．彼女たちがそういうふうに考えるのは、家庭の中で、そう教えられてきたからだ。それは親から子どもに伝えられてきた偏見＊だ。

２．彼女たちがそういうふうに考えるのは、学校教育がその偏見を打ちくだく努力をおこたってきたからだ。つまり、植民地の歴史について教え、この誤った考えがどこから来たのかを理解する手段を与え、正しい考え方に導いてこなかったからだ。

　パパは、いつかは変わるっていう希望を持ってるって言ったけど、でもぼくはちょっと不安なんだ。

　　　　　　　　　　　　　　　　　　　　　　　　　　サイード

サイードへ

　きのうは、パパとママが、わたしの英語の試験の点数のことで、おおさわぎだったのよ。もう、うんざりだわ。不規則動詞についての問題だったの。ややこしい文章の中で、不規則動詞を使ったり、時制を変えたり、まったくお手上げよ。

　外国語を習うことが難しいっていうことを分かってもらうのは大変だったわ。とくに、おじいちゃんに分かってもらうのはね。おじいちゃんには負けるわよ。工場の友だちから教わった片言の外国語をいくつか知ってるってだけで、自分のことをトライリンガル＊だって思ってるのよ！でも、わたしはそんな簡単なものじゃないって分かってるの。だいたい、あなたのご両親がフランス語とアラビア語の両方を上手に話していることだって、信じられないくらい驚いてるのよ。かれらこそほんもののバイリンガル＊だわ！

　幸いなことに、もうすぐヴァカンス。いやなこととは、もうすぐおさらばできるわ。とにかく、そう思いたいの……。

　　　　　　　　　　　　　　　　　　　　　　　　じゃあね！
　　　　　　　　　　　　　　　　　　　　　　　　アデル

アデルへ

　楽しいヴァカンスだったかい。ぼくは、ずっとセルジーにいたんだ。だって、パパもママも仕事があったからね。7月に君に会いに行くつもりなんだ。あのね、ぼく、ワリーとますます親しくなってるんだけどね、彼、夏休みにマリに帰れないって言うから、ぼくといっしょにロンワルへ連れて行けたらって思ってるんだ。賛成してくれるかい？

　休み明けに、ミシェルは、「子どもの権利条約第28条に照らし、小数点のついたわり算に対する機会の平等を確保すべく、算数の試験を実施します」なんて宣言したんだよ。信じられるかい！算数は、毎度のことだけど、ひどい点数だったよ。パパもママも文句タラタラだよ。とくに、パパがね。パパは、昔、自分のパパを頼って、フランスへやって来たときには、今ぼくが持ってるような学用品はなにひとつ持ってなかったって言うんだ。パパは、ぼくがいい点をとってこないと、いつも同じことを言うんだ。「狭いアパート、2段ベッド、ひとつしかないテーブルは、調理台・食卓・勉強机、そのほかあらゆることに使ってた。」それから、ぼくが将来何をするかとか、フランスに来てまだ6ヶ月しかたってないのに、ワリーはぼくより成績がいいとか、ミシェルに相談に行かなければならんとか、いつものお説教が始まって、ひどい目にあったよ。しめくくりはいつもこれさ。ミシェルに会いに行くのを、ぼくが一番いやがるってこと、パパは知っているんだ。だってそうだろ。マリオやみんながいる前で、パパが毎週ミシェルに会いにやって来たら、はじだからね。

　やれやれ、ぼくはいつものように部屋にひなんして、誕生日にもらった本を開いたんだ。しばらくすると、パパは必ず部屋にやって来るんだ。ほら、おいでなすった。パパは部屋に入ってきて、言ったんだ。わり算に向いてない子どももいるさって。そして、こうして本が読めるんだから、作家でも教師でもなれるさって。パパは、ちょっと安心したのかな。でも、きっとミシェルには会いに行くんだろうなあ……。

それじゃ、また！
サイード

追伸　月曜日に第1次世界大戦（1914年－1918年）についての番組があるから見てね。ミシェルのおすすめだよ！

第1次世界大戦
（1914年－1918年）

1：動　員

　1914年の夏、何百万もの男たちが家族のもとを離れて、前線へとおもむいた。戦争の主要国であったフランスとドイツがとりわけ争ったのは、アルザス・ロレーヌ地方がどちらの国に属するかであった。前線に向かった兵士たちは、全員がフランス本土出身というわけではなかった。戦争中、19世紀にフランス植民地となった地域（北西アフリカやアジア）の住民たちもまた、敵軍によって侵略された地域を防衛するために参戦した。

2：塹　壕

　1914年の冬のはじめに、フランス陣営に30万の死者を出した「動く戦争」は、「動かない戦争」*へと変わった。何ヶ月にもわたり地中に掘られた塹壕の中で、独仏両陣営の兵士たちは総攻撃を待ちながら、ひどい条件の中で日々を送っていた。死にはしなかった者たちも傷ついていた。

3：祖国*のために死ぬ？

　兵士たちが死を受け入れていたとしたら、それは祖国を救うためであった。祖国、それは人が強く愛する自分の国である。フランス人はドイツ人を毛嫌いしていた。ドイツ野郎と呼び、野蛮人だと非難していた。学校で、新聞で、公の場所で、にくしみはますます大きくなっていった。フランスの国土に文明を守るべくやってきたイギリス人たちも、同じ感情を共有していた。植民地出身の兵士たちの思いはこれとは別のものだった。ある者は自らの意思に反して徴兵・動員された。しか

し、多くは志願兵であり、彼らは、フランス国家に認められれば政治的な権利を獲得することができるのではないかと考えたのである。

4：「恐怖の年」の暴動

3年間の苦難の果て、将校たちが多数の人命を犠牲にする総攻撃の準備をなお続けていた時に、一部の兵士たちが暴動を起こした。1917年の春、フランス兵はストに入った。もともとは前線における生活改善が彼らの要求だった。ところが、厳しい処罰がなされた。3000名の反乱者＊が軍事法廷で裁かれ、554名が死刑を宣告され、そのうちの49名については刑が執行された。しかし、今日では、反乱者はほかの兵士たちと同じく、愛国者＊であったことが認められている。彼らは敵と内通したわけではなく、脱走したわけでもない。彼らはもはや殺しあいに耐えられなかった。それだけのことである。ここでも、植民地出身の部隊とのかかわりがあった。セネガル人の一大隊が反乱に加わったのである。

5：戦争の結末

戦争は1918年11月11日に、ドイツの休戦＊協定署名によって終わった。ドイツが負けたのである。戦勝国は敗れた帝国を解体し、新国家の創設をうながした。この戦争によって、900万から1000万の人々が亡くなり、その3倍の人々が傷ついた。そして、戦闘が行われた地方の全部または一部が破壊された。

サイードへ

　第1次世界大戦の番組を教えてくれてありがとう。すごく感動したわ！死者につぐ死者、そして泣き叫ぶ人々を見て、本当に心が痛んだわ。お昼に、おじいちゃんと、村の広場に戦没者の記念碑を見に行ったの。おじいちゃんは、それをしっかり見なさいって言ったの。

　そして、おじいちゃんは記念碑を見ながらこう言ったの。「銃を手にした軍服の若者が、今にも引き金を引こうとしておる。」わたしも同じ記念碑を見ながら言ったの。「銃を手にした軍服の若者が、これから銃を捨てようとしている。きのう見た番組で兵士たちは1917年に銃を捨てたじゃないの。」

　おじいちゃんは、ため息をついて、1919年にこの記念碑が建ってから今日までの間に、もう一度、世界大戦があって、その時も、人々はにくしみあったんじゃよ、って言ってたわ。でも結局、わたしが正しいのかもしれない、この記念碑は「平和へのちかい」と見るべきかもしれないって、言ってくれたわ。

　ともかく、わたしは歴史の先生になるわ。
　ところで、わり算はどう？がんばってる？

またね！
アデル

1941年のポスター

アデルへ

　あのドキュメンタリー番組で、ぼくが良かったと思うところは、ぼくのひいおじいちゃんについて語られたところなんだ。ひいおじいちゃんは、1914年の戦争で戦ったんだけど、どうやら、そのことをほこりに思っていたらしいんだ。当時、アルジェリアは、まだフランス領で、戦争が始まったとき兵士の不足を補うために、ぼくのひいおじいちゃんの村の人々は徴兵されたんだ。フランス領西アフリカと呼ばれ、共に植民地だったマリも同じ状況だったんだ。「セネガル人歩兵隊」もこうして生まれ、勇敢に戦って、真の勇者になったんだ。

　こうした人々は、1918年の勝利のために命をかけて戦ったにもかかわらず、彼らのことはたいてい忘れられがちになっているんだ。だいたい、彼らの栄光をたたえる記念碑なんて、あまりないんだからね。こんなことが許されるのかい。植民地の兵士たちには、払ったぎせいに対する報いがなかっただけに、なおさら許せないよ。彼らの勇気はたたえられたけど、アルジェリアに住んでいる者には、平等権は与えられなかったんだよ。戦後も、植民地の人々は、フランス本国の人々とは差別され続けたんだ。例えば、選挙権は与えられなかったんだからね。つまり「人権宣言」は、ふみにじられたんだよ！パパが言うには、こんなことがあったから、植民地の人々は立ち上がって、独立運動を始めたんだってさ。

　君が歴史の先生になったら、国のために戦ったすべての人のことを忘れないで話して欲しいよ。

それじゃ！
サイード

料理をしている北アフリカ出身の兵士

インドシナ出身の兵士、ざん壕の中で

第1次世界大戦の旧戦士

アデルへ

　もっと手紙をくれないか！
　きのう、学校で学年末のお楽しみ会があったんだ。ミシェルがすべて計画したんだ。テーマは、「国内外のお祭り」。お父さん、お母さんたちも喜んで参加してくれたんだよ。自分の生まれた地方や国のお祭りを紹介するコーナーを作った人もいたんだ。いろいろな国の料理も食べられたんだ。並んだ料理のリストを送ってあげるけど、手紙をくれない君を許したわけじゃないからね！

　　　　　　　　　　　それじゃあ、手紙待ってるよ！
　　　　　　　　　　　　　　　　　　　サイード

マリオは、ローマの名物料理を持ってきた。アーティチョークのからあげで、ぼくはちょっと驚いた。てっきり、スパゲッティかピザだと思っていたから。

ぼくのママは、伝統的なクスクス料理を用意したんだ。クスクス（あらびきのセモリナ粉）に、肉や野菜や干しぶどう、それにスパイスで作るんだ。これは「わが家の定番料理」で、お祭りや祝い事の時にはいつも食べるんだ。

ワリーのお母さんは「マフェ」というアフリカ料理を持ってきた。牛肉と野菜と落花生粉の団子の煮込みで、とってもおいしかった。上手につくるには材料探しが大変だろうね。でも、ワリーのお母さんはいいお店を知っているみたいだ。

リズはマルチニック生まれで、お母さんはとても色どりのきれいな料理を用意してきた。クレオール風ソーセージ。とってもスパイシーだった。

フロランスは「王様のかんむり」を持ってきたよ。砂糖づけの果物をそえたパンケーキで、中には陶器人形とそら豆が入っている。大好物だ。南フランスでは1月の公現祭の時に、これを食べるんだって。

キムは弟のヨンといっしょに来たよ。魚の巻き物と、「ロ・パク・コ」という大根と干しエビのおもち。旧正月に食べるものらしい。

サイードへ

　　手紙を書かなかったのは、もうすぐ会えると思ってたからよ。7月に入ったら、ワリーと来るんでしょ。待ってるわ。14日までこちらにいられるか、ご両親にちゃんと確認しておいてちょうだいね。今年のパリ祭*は特別だって、市の新聞に書いてあったの。
　　バスチーユ刑務所を打ちやぶった記念日を、ちょうちんやダンスなどでお祝いするお決まりの行事に加えて、今年はヴィルケンから来るドイツ人のブラスバンド隊が行進するんですって。それをワリーに見せてあげたいのよ。
　　それとね、あなたをヴィダル先生にしょうかいしたかったんだけど、先生は外国へ行ってしまって、休み明けまで帰っていらっしゃらないんですって！
　　　　　　　　　　　　　　　　　　　　　　　　　　　　　　　　それでは！
　　　　　　　　　　　　　　　　　　　　　　　　　　　　　　　　アデル

きのう、興味を持って聞き入る子どもたちとロンワルの住民たちを前にして、私たちの市長のマルタン夫人が、とてもすばらしい演説をしました。その一部をかかげます。

今日、私たちはこの祭りに、いろいろなところから友人たちをむかえたことを、とてもほこらしく思っています。ヨーロッパの建設がスピードアップしたこの年に、私たちはヴィルケンからドイツの友人たちをむかえています。また、パリッ子となったサイードも来てくれました。彼は昨年、この街からパリの近郊に引っ越しましたが、私たちを忘れませんでした。親愛なる友よ、7月14日はフランスに住むすべての人々が祝う祝日です。それだけではありません。それは同時に共和国の祭日です。共和国が示す価値は普遍的なものです。ともに祝いましょう、すでに打ちやぶられたバスチーユを。新たなるバスチーユを打ちやぶることを望みつつ。そして、いまここで、ともに宣言しましょう。私たちはみな、共和国の夢を引きつぐ者であると。

フランス共和国のシンボル
マリアンヌ

何人かの友だちは、それぞれヴァカンスに出かけています。その子どもたちは、旅先から葉書(はがき)を出し合っています。

サイードへ
　ぼくは、今セルジーにいるけど、それなりに楽しんでるよ。競技場(きょうぎじょう)で大きい子たちとサッカーをしてるんだ。君は、おばあちゃんの所へ行けてよかったね。おばあちゃんは、君にオレンジの花のお菓子(かし)をたくさん作ってくれるんだろうね。ロンワルは最高(さいこう)だったよ。できれば、また行きたいよ。
　　　　　　　　じゃあ、また。
　　　　　　　　　　ワリー

ワリーへ
　ぼくは２日間の予定でローマに来ています。いっぱい歩いたんだよ。
　早く、おばあちゃんとおじいちゃんのいる村へ行きたいよ。ここは、すっごく暑いんだ。
　　　　　　　　　　マリオ

ワリーへ
　今、セルジーにいるんでしょ。おじいちゃんは、ヴァカンスに行けるのがいつも同じ人たちなのは不公平(ふこうへい)だって言ってるわ。
　でも、あなたが楽しく過(す)ごしているといいんだけど。わたしはシャラントにいるのよ。
　浜辺(はまべ)に行ったりしてるの。すごい人出よ。
　　　　　　　　　　アデル

ワリーへ

　ぼくはスペインで、いとこたちと過ごしています。
もう何年もアルジェリアには行ってないんだ。
　マリに帰れない君のなぐさめになればいいんだけど。
心配ないよ、もうすぐ帰れるさ。
　　　　　　　　　　　サイード

アデルへ

　地球の真ん中から手紙を書いているのよ。
　赤道の国エクアドルのキトという所よ。このあと、バレアールで数日過すの。
新学期に会いましょう。
　あなたに話したいことが山ほどあるのよ。

　　　　そのときまた
　　　　　マリー

資料1:「子どもの権利条約」抄録

(定義)
第1条　こどもってセブンティーンまで。赤ちゃん、小学生、中学生、高校生、学校にいっていない子も、みんな「こども」だ。18歳になったらおとななのさ。

(差別の禁止)
第2条　みんな平等なんだ。こどもだから、日本人だから、外国人だからってことで、いじわるや差別をしては、いけないよ。男も女も、はだの色が黒い人も白い人も、みんなおなじ人間なのさ。

(親の責任)
第5条　こどもは親がすき。父さんと母さん、そのかわりの人にそだてられたい。どんなにえらい人でも、よその人に命令されるのはいやだよ。

第6条　こどもだって、ハッピーに生きてたいよ。うまれた赤ちゃんが、みんな元気にそだつように、政府はしなくてはいけない。

(名前と国籍)
第7条　こどもだって、じぶんのことをしるけんりがある。じぶんの名前、じぶんの国、じぶんの親をしりたい。人間だもん、記号や番号でよばれたくない。こどもにちゃんと名前をつけて。どこの国の子なのか、父さん母さんはだれなのか、わからなかったらこまってしまうよ。

(アイデンティティの保護)
第8条　ほんとうのじぶんをみつけたい。わたしはだあれ？　ぼくはだれ？　あなたはあなた、ぼくはぼく。世界じゅうでたったひとりのじぶんなのさ。ほかの子になんて、なりたくないよ。

第9条　だれも親子をひきさけない。親子をべつべつにしないで。もし、戦争なんかで生きわかれになっても、父さん母さんがどこにいるのか元気かどうかをしるけんりがあるよ。政府はしらべて、ちゃんとこどもと親におしえてくれなくてはいけない。

(意見)
第13条　いろいろなほうほうで、じぶんらしさをあらわすけんりがある。はなしたり、字をかいたり、絵をかいたり、歌ったり、おどったり、いろんなことをしてじゆうにじぶんのきもちをあらわせるんだよ。

(思想・良心・信教の自由)
第14条　こどもにも、じぶんできめるけんりがある。いいわるい、どうしたいのか、宗教も自分できめられる。

(結社の自由)
第15条　いろいろな友だちとグループをつくったり、あつまったりできる。

(私生活の保護)
第16条　こどもだってヒミツをもっている。それをかってにのぞいたり、しらべたり、ほかの人にしゃべったりするなよ。

(親の責任)
第18条　親はきょうりょくしてこどもをそだてる。国は親をたすける。。

(虐待に対する保護)
第19条　親がこどもいじめるなんて、ゆるせない。父さんや母さんがこどもをやたらとぶったり、けったり、タバコの火をくっつけたりしたら、裁判にうったえることもできるよ。こどもにセックスのあいてをさせるのも、ほったらかしも、いじめているのとおなじことだ。

(親のない子の保護)
第20条　あまりにもひどい親だったら、こどものほうから、えんを切れる。そのときは、国が力をかしてくれる。

(養子)
第21条　いろいろわけがあって、ほんとうの父さん母さんとくらせなくて、よそのうちの子になることもある。そんなときは、裁判所でだいじょうぶかどうかしらべてもらってからだ。

(難民)
第22条　戦争なんかで、じぶんの国からにげてきたこどもは、家族といっしょでもひとりぼっちでも、たすけてもらえるよ。

(障害)
第23条　病気や障害があっても、こどものけんりはおなじだよ。からだに病気や障害があっても、ひとりの人間なんだ。差別しないでね。

第24条　こどもには健康にいきるけんりがある。病気になったら、いちばんいい手当てをして。赤ちゃんや小さい子が死なないようにしなくちゃいけない。そのためにも、もう地球をよごさないで。

(生活水準)
第27条　父さん母さんは、こどもの生活をまもらなくてはいけない。親の生活が苦しかったら、国が助ける。

(教育)
第28条　小・中学校には、みんな、ただでかよえる。学校の先生は、こどものこころやからだをきずつけるようなしかりかたをしてはいけない。

(余暇)
第31条　こどもは、やっぱりあそばなくちゃあ。こどもは、やすんで、のんびりして、仲間とあそぶことがだいじ。

(労働)
第32条　こどもは、こきつかわれたり、あぶないしごとをさせられたりしない。こころやからだをきずつけるしごとは、しなくていいんだよ。

(麻薬使用)
第33条　マヤクからこどもを守ろう。マヤクをこどもに売ったり、売らせてはい

けない。もちろん、こどもに吸わせたり、注射したりしてはいけない。

（性行為）

第34条　こどもをセックスのあいてにするな。女の子も男の子も、おとなのオモチャじゃないんだから。

（人身の売買）

第35条　人さらいなんか、とんでもない。こどもをさらって売ったり買ったりなんか、国のなかでも外国とのあいだでも、ぜったいゆるせない。

（拷問や自由の剥奪）

第37条　こどもを、死刑にしてはいけない。こどもが法律をまもらなかったからといって、らんぼうなとりしらべをしたり、死刑にしたり、死ぬまで刑務所にいれておいたりしてはいけない。もし、こどもが警察につかまっても、家族とれんらくしたり、あったりできるんだ。

（武力紛争）

第38条　こどもを戦争にまきこまないで。戦争でいちばんきずついたり、ころされたりするのは、こどもなんだよ。15歳にもならない子をたたかわせないで。

（社会復帰）

第39条　ひどい目にあったこどもがいたら、こころのきず、からだのきずが、はやくなおるようにしてほしい。

◆原著では、「子どもの権利条約は44ヶ条からなる。ここでは、すべての人々に理解してもらうために、簡単なことばに直して、主要な部分だけを要約して掲げる」と付記されています。この趣旨を活かすために、本訳書では、名取弘文氏の訳文（『こどものけんり——「子どもの権利条約」こども語訳』（雲母書房、1996））を拝借しました。なお、条文の見出しは原著にあるものを訳出しました。

資料 2：「世界人権宣言」抄録

（みんな仲間だ）
第1条　わたしたちはみな、生まれながらにして自由です。ひとりひとりがかけがえのない人間であり、その値打ちも同じです。だからたがいによく考え、助けあわねばなりません。

（差別はいやだ）
第2条　わたしたちはみな、意見の違いや、生まれ、男、女、宗教、人種、ことば、皮膚の色の違いによって差別されるべきではありません。
　また、どんな国に生きていようと、その権利にかわりはありません。

（安心して暮らす）
第3条　小さな子どもから、おじいちゃん、おばあちゃんまで、わたしたちはみな自由に、安心して生きる権利をもっています。

（奴隷はいやだ）
第4条　人はみな、奴隷のように働かされるべきではありません。人を物のように売り買いしてはいけません。

（拷問はやめろ）
第5条　人はみな、ひどい仕打ちによって、はずかしめられるべきではありません。

（法律は平等だ）
第7条　法律はすべての人に平等でなければなりません。法律は差別をみとめてはなりません。

（簡単に捕まえないで）

第9条　人はみな、法律によらないで、また好きかってに作られた法律によって、捕まったり、閉じこめられたり、その国からむりやり追い出されたりするべきではありません。

（裁判は公正に）

第10条　わたしたちには、独立した、かたよらない裁判所で、大勢のまえで、うそのない裁判を受ける権利があります。

（捕まっても罪があるとはかぎらない）

第11条　うそのない裁判で決められるまでは、だれも罪があるとはみなされません。また人は、罪をおかした時の法律によってのみ、罰を受けます。あとから作られた法律で罰を受けることはありません。

（ないしょの話）

第12条　自分の暮らしや家族、手紙や秘密をかってにあばかれ、名誉や評判を傷つけられることはあってはなりません。そういう時は、法律によって守られます。

（どこにでも住める）

第13条　わたしたちはみな、いまいる国のどこへでも行けるし、どこにでも住めます。別の国にも行けるし、また自分の国にもどることも自由にできます。

（逃げるのも権利）

第14条　だれでも、ひどい目にあったら、よその国に救いをもとめて逃げていけます。しかし、その人が、だれが見ても罪をおかしている場合は、べつです。

（どこの国がいい？）

第15条　人には、ある国の国民になる権利があり、またよその国の国民になる権利もあります。その権利を好きかってにとりあげられることはありません。

（ふたりで決める）

第16条　おとなになったら、だれとでも好きな人と結婚し、家庭がもてます。結婚も、家庭生活も、離婚もだれにも口出しされずに、当人同士が決めることです。家族は社会と国によって、守られます。

（財産を持つ）
　第17条　人はみな、ひとりで、またはほかの人といっしょに財産をもつことができます。自分の財産を好きかってに奪われることはありません。

（考えるのは自由）
　第18条　人には、自分で自由に考える権利があります。この権利には、考えを変える自由や、ひとりで、またほかの人といっしょに考えをひろめる自由もふくまれます。

（言いたい、知りたい、伝えたい）
　第19条　わたしたちには、自由に意見を言う権利があります。だれもその邪魔をすることはできません。人はみな、国をこえて、本、新聞、ラジオ、テレビなどを通じて、情報や意見を交換することができます。

（集まる自由、集まらない自由）
　第20条　人には、平和のうちに集会を開いたり、仲間を集めて団体を作ったりする自由があります。しかし、いやがっている人を、むりやりそこに入れることはだれにもできません。

（選ぶのはわたし）
　第21条　わたしたちはみな、直接にまたは、代表を選んで自分の国の政治に参加できます。また、だれでもその国の公務員になる権利があります。
　みんなの考えがはっきり反映されるように、選挙は定期的に、正しく平等に行われなければなりません。その投票の秘密は守られます。

（人間らしく生きる）
　第22条　人には、困った時に国から助けを受ける権利があります。また、人にはその国の力に応じて、豊かに生きていく権利があります。

（安心して働けるように）
　第23条　人には、仕事を自由に選んで働く権利があり、同じ働きに対しては、同じお金をもらう権利があります。そのお金はちゃんと生活できるものでなければなりません。人はみな、仕事を失わないように守られ、だれにも仲間と集まって組合をつくる権利があります。

（大事な休み）
　第24条　人には、休む権利があります。そのためには、働く時間をきちんと決め、お金をもらえるまとまった休みがなければなりません。

（幸せな生活）
　第25条　だれにでも、家族といっしょに健康で幸せな生活を送る権利があります。病気になったり、年をとったり、働き手が死んだりして、生活できなくなった時には、国に助けをもとめることができます。母と子はとくに大切にされなければいけません。

（勉強したい？）
　第26条　だれにでも、教育を受ける権利があります。小、中学校はただで、だれもが行けます。大きくなったら、高校や専門学校、大学で好きなことを勉強できます。教育は人がその能力をのばすこと、そして人としての権利と自由を大切にすることを目的とします。人はまた教育を通じて、世界中の人とともに平和に生きることを学ばなければなりません。

（楽しい暮らし）
　第27条　だれにでも、絵や文学や音楽を楽しみ、科学の進歩とその恵みをわかちあう権利があります。また人には、自分の作ったものが生み出す利益を受ける権利があります。

（権利を奪う「権利」はない）
　第30条　この宣言でうたわれている自由と権利を、ほかの人の自由と権利をこわすために使ってはなりません。どんな国にも、集団にも、人にも、そのような権利はないのです。

◆原著では、「児童の権利条約は30ヶ条からなる。ここでは、すべての人々に理解してもらうために、簡単なことばに直して、主要な部分だけを要約して掲げる」と付記されています。この趣旨を活かすために、本訳書では、アムネスティ・インターナショナル日本支部と谷川俊太郎氏の訳文（『世界人権宣言』（金の星社、1990））を拝借しました。なお、条文の見出しも同著のものを掲げました。

用語解説

☆対象となる語に、本文中では＊を付けました。

愛国者 Patriote　自分の国を強く愛し、自分の時間や財産・生命をそのために捧げる覚悟のある人。

移住する（故国を離れて、移民として出国・入国する）Émigrer／Immigrer　自分の生まれた国や地方を離れて、それ以外の国や地方に住み着くこと。［フランス語では、移民として「出国するÉmigrer」と「入国するImmigrer」は区別され、異なる動詞が用いられる。］

ヴァカンス Vacances　フランスの小中学校には、年5回の長期休暇があるが、(11月の万聖節、12月のクリスマス、3月の復活祭の休みのほかに、2月の「冬休み」と7～8月の「夏休み」)、通常、ヴァカンス（休暇）と呼ばれるのは「夏休み」のこと。

動かない戦争 Guerre immobile　第1次世界大戦中に西部戦線でフランスとドイツの軍事力がほぼ同じになり両軍ともに進めない状態が長く続いたために、このように呼ばれる。

休戦 Armistice　講和条約を結ぶ前に戦闘を止める交戦国が締結する協定。［フランスでは、第1次世界大戦（11月11日）・第2次世界大戦（5月8日）の休戦日は国の祝日とされている。］

共和国（共和政）République　人民の名の下に、人民の監督下において、権力が複数の人々によって行使されている国。このような国の元首が大統領である。

君主政 Monarchie　王または女王によって権力が行使されている国。フランスは1000年以上にわたって君主制であった。［カペー王朝成立は987年。］

国際協力 Coopération internationale　特定の計画・目的の実現のために、ある国が別の国々に対して支援を行うこと。

国際連合（国連） ONU　第2次世界大戦以来、平和を維持し、人間の尊重を保障する努力をしている国々の集まり。

国籍 Nationalité　ある特定の国の国民が有する権利・義務の総体のこと。国ごとに国籍を得る仕方は異なるが、次のような考え方がある。① 親子関係による――自分の親と同じ国籍を有するという考え方、② 出生地による――自分が生まれた国の国籍を有するという考え方、③ 帰化による――現に生活している出生国以外の国の国籍を一定の条件を満たした上で取得するという考え方。

故国を離れる Émigrer　「移住する」を見よ。

差別 Discrimination　ある人またはグループをほかの人またはグループと区別して、異なる扱いをすること。

市民 Citoyen　ある国のメンバーである人。その国の集団的な生活（広い意味での政治）に参加するという点に着目した表現。

植民地 Colonie　（一般にはより豊かな）ほかの国に従属し、その国の様々なルールを強制された国。

人種差別主義 Racisme　自分とは異なり、自分よりも劣った人種に属するとして他人に対して示される悪意のある反応の総体。

スローガン Devise　ある国の大原則を要約する表現で、その実現を促すために用いられる。［フランスの場合には「自由・平等・博愛」が憲法の定める国のスローガンである。］

セルジー Cergy　パリ北西郊外のベッドタウンで、RER（首都圏高速鉄道）A3線の終点3駅の周辺に広がる。HLMと呼ばれる公営住宅が並び、住民には移民労働者が多い。

宣言 Proclamation　原理や権利を厳粛な形式に従って述べた文章。

祖国 Patrie　自分が生まれ暮らしている国で、たとえば生命の犠牲もいとわないほどの強い感情の対象となっているところ。

尊厳 Dignité 人類のひとりとして尊重されるべきことで、すべての人が権利として有する。

単純過去・複合過去 Passé simple／Passé composé フランス語の動詞には、単純過去・複合過去のほかに、半過去・大過去・前過去・未来・前未来といった時制があり、これに人称による変化などが加わるので、動詞の活用を学習するのは大変であり、子どもたちは機会あるごとに活用をさせられる。

奴隷（の身分）Esclavage 自由でない人の地位。その人に対して絶対的な権力を行使する「主人」に属するとされていた。

ナンシー Nancy ロレーヌ地方の中心都市。本文で「ナンシー」と呼ばれているのは、原著の刊行当時はフランスリーグ第1部（D1）に属していたこの町のサッカーチームのこと。

バイリンガル（トライリンガル）Bilingue／trilingue 2つ（または3つ）の言語を普通に話す人。

博愛 Fraternité すべての人間を相互に結びつけるとても強いきずな。同じ家族に属する兄弟姉妹が強く結ばれているのと似ている。[「博愛」はもともと「兄弟であること」を意味する。神の子として兄弟であるということから、すべての人間が「兄弟であること」になる。]

バスク語 Basque フランスとスペインにまたがって居住するバスク人の話す言語。

パリ祭 Le 14-juillet 7月14日は、フランス革命のはじまりとなったバスチーユ刑務所襲撃の日であり、19世紀末から「国祭日」とされている。日本では、戦前から「パリ祭」(当時のフランス映画の邦語タイトル)と呼ばれてきた。

反乱者 Mutin 上位の者から与えられた命令に従わずに抵抗する者。

平等 Égalité すべての人間は、同じ価値を持つので、同じように扱われるべきであるという原則。

普遍的権利 Droits universels すべての人間に認められた権利。

偏見 Préjugé ある人や問題に対して熟慮を経ずに抱いている意見で、熟慮す

れば変わりうるもの。

マグレブ人 Maghrébin　マグレブ諸国（アルジェリア・チュニジア・モロッコ）出身の人。[マグレブ諸国はいずれもフランスの旧植民地だったため、今でもフランスとの関係が深く、フランス国内にはこれらの国々からの移民が多い。「マグレブ」とはアラビア語で「西」の意味で、アフリカ西部に住むアラブ人をさす表現。]

マリアンヌ Marianne　フランスにおける共和国のシンボル[フリジア帽と呼ばれる革命期の帽子をかぶった若い女性。その像は公共施設などに置かれているほかに、硬貨や切手などにも印刷されている。]

立憲議会 Assemblée constituante　一国の人々の一部または全部から選ばれた人々の集会で、その名の下に憲法を制定するもの。憲法とは、将来における政治権力の行使や監督の方法を定める文章のこと。

ロレーヌ地方 Lorraine　フランス東部の地方で、中心都市はナンシー。ドイツ国境に近く、アルザス地方とともにフランス・ドイツ両国の奪いあいの対象となってきた（普仏戦争から第1次世界大戦まではドイツ領）。

ロンワル Longwal　原著では「フランス東部の町」とされているが、同名の自治体は実在しないようである。ロレーヌ地方北部のロンウィ（Longwy）と南部のエピナル（Épinal）がモデルかと思われる。

◆上記の用語解説は、原著に付されたものを基本としていますが、イタリック体（斜体）の見出し語は、日本の読者にとって必要なものとして、訳者が加えたものです。また、[　]内の解説も、同様の観点から、訳者が補充したものです。

◆原著の解説は、いかにもフランスらしい定義をしていますので、できるだけそれが伝わるように努めました。また、さらに調べようという方々のために、原語を残しました（なお、フランスの法律用語を調べるには、山口俊夫編『フランス法辞典』（東京大学出版会、2002）が有益です）。

〈著者紹介〉
　セリーヌ・ブラコニエ（Céline Braconnier）
　　歴史学教授資格取得、政治学博士。セルジー＝ポントワーズ大学講師。
　　研究者としてではなく教育者として、子どもたちの（政治的な）社会化の過程に関心を抱く。このような観点に立って、市民の育成に必要であるにもかかわらず、長い間、大人のものとされてきた知識を、若者たちに近づきやすいものにする方法について考えている。

　シルヴィア・バタイユ（Sylvia Bataille）
　　36歳。デッサンと写真に魅せられ、パリの芸術学校で勉学。1986年からフリーの写真家として、95年からフリーのイラストレーターとして活動。様々な出版活動に協力。共著の写真集として、O Tannenbaum（Le Drapier／Drei Verlag, 1991）がある。

〈訳者紹介〉
　大村浩子（おおむら・ひろこ）
　1960年生まれ
　1984年津田塾大学国際関係学科卒業
　1988年パリ第4大学文明講座・外国人フランス語中級コース修了

　大村敦志（おおむら・あつし）
　1958年生まれ
　1982年東京大学法学部卒業
　1987〜89年、フランス政府給費留学生としてパリ第2大学で研究
　1999〜2000年、文部省在外研究員としてパリ第2大学で研究
　現在、東京大学法学部教授（民法）
　著書『フランスの社交と法』（有斐閣、2002）
　　　『民法総論』（岩波書店、2000）
　　　『法典・教育・民法学：民法総論研究』（有斐閣、1999）
　　　『法源・解釈・民法学：フランス民法総論研究』（有斐閣、1995）など

　　　　　　若草の市民たち　1―仲間たちとともに
　　　　　　2003年（平成15年）5月23日　第1版第1刷発行　3123-0101

　　　　　　　　　　文　　セリーヌ・ブラコニエ
　　　　　　　　　　訳　　大村　浩子＝大村　敦志
　　　　　　　　　　絵　　シルヴィア・バタイユ
　　　　　　　　　　発行者　今　井　　貴
　　　　　　　　　　発行所　信山社出版株式会社
　　　　　　　　　〒133-0033　東京都文京区本郷6-2-9-102
　　　　　　　　　　　　　電　話　03（3818）1019
　　　　　　　　　　　　　ＦＡＸ　03（3818）0344
　　　　　　　　　　　　　　　　　Printed in Japan

Japanese translation ©大村浩子・大村敦志, 2003
　　　　　印刷・製本／松澤印刷・文泉閣
　　　　　　ISBN4-7972-3123-8 C6337
　　　　　　　　NDC 726.601